Lili,
la petite grenouille

Sylvie Meyer-Dreux
Michel Savart

ILLUSTRATIONS
Catel

CLE
INTERNATIONAL

Crayonnés : **Nicolas Wintz**
Mise en couleur : **Rémi Chaurand**
Conception graphique : **Christian Scheibling**
Direction artistique : **Catherine Tasseau**
Édition : **Michèle Grandmangin**

Il était une fois...
au pays des animaux

Dans la chambre de Léo et Léa,
il y a un ordinateur.

Dans la chambre de Léo et Léa,
il y a un ordinateur
et un robot.

Dans la chambre de Léo et Léa,
il y a un ordinateur et un robot.
Une petite grenouille rose sort de l'ordinateur !

C'est Lili.

Dans le pays de Lili,
la petite grenouille rose,
il y a une ferme.

Dans la ferme,
il y a des animaux
de toutes les couleurs.

C'est drôle !

Dans le pays de Lili,
la petite grenouille rose,
il y a aussi un zoo.

On joue, on danse, on chante, on mange,
dans le pays de Lili, la petite grenouille rose.
Les animaux de la ferme jouent
avec les animaux du zoo.

C'est **rigolo** !

Les animaux de la ferme ne jouent plus avec les animaux du zoo.
Le robot n'est pas content.
Lili n'est pas contente.

- Ça ne va pas !

Mais qui est-ce ?
Mais qu'est-ce que c'est ?

Dans une chambre,
il y a un ordinateur, des jouets,
un garçon et une fille qui dorment...
qui dorment... qui dorment...

C'est le matin.

Il était une fois

dans la maison des musiciens

C'est l'après-midi. Il pleut.
Léo et Léa sont dans le salon.
Ils regardent la télévision.

Mais où est Lili ?

Les animaux jouent de la musique.

C'est **drôle** !

Mais le cheval
et l'hippopotame se disputent.
— C'est MON tambour !!!
C'est TA batterie !!!.

25

Il faut apprendre
les notes de musique.
Suivez Lili ! ... sur le tapis... DO,
sur le canapé... RÉ,
sur la chaise... MI,
sur la table... FA ...
do ré mi fa sol la si do
Attention au plafond Lili...

AÏE... AÏE,
les ustensiles de cuisine
ont mal partout !
Pourquoi ?
Pour faire de la musique,
la fourchette a tapé
sur le bol
et le bol a mal au ventre.

Le couteau a tapé
sur la cuillère
et la cuillère a mal au dos.
Et la poubelle a mal à la tête.

ÇA NE VA PAS DU TOUT !

29

Bravo Lili !

Le couteau, la cuillère, le bol et
la fourchette jouent de la musique
et chantent avec les amis de Léo et Léa.

Maintenant ils n'ont plus mal !

Dans la salle de bains,
nos amis s'amusent bien.

Mais une assiette a peur,
elle ne sait pas nager :
—Attention ! Je vais tomber !

Lili, elle, sait plonger.

Pourquoi ?

33

Nos amis se reposent
dans la chambre des parents.

— Non, je n'ai pas 65 ans... j'ai 62 ans !

Mais qui parle ?
Ce n'est pas Léo,
Ce n'est pas Léa.

Alors, qui est-ce ?

C'est l'après-midi. Il fait beau.
— Léo, Léa, réveillez-vous !
C'est le jour de la fête de la musique.
Il y a de la musique partout dans les rues.

37

Il était une fois...
un marchand de sable

Un soir, dans le lit de Léa, Lili raconte une histoire,
une histoire qui se passe dans un pays magique :
un pays où les enfants ne dorment jamais.

La maman de Léo et Léa veut que les enfants dorment :
c'est l'heure du marchand de sable.

Mais Lili, Léo et Léa vont dans le pays où on ne dort jamais !

Dans le pays du sans sommeil,
l'école est ouverte la nuit !

On travaille la nuit
et la récréation est...
...à minuit !

Léa veut partir

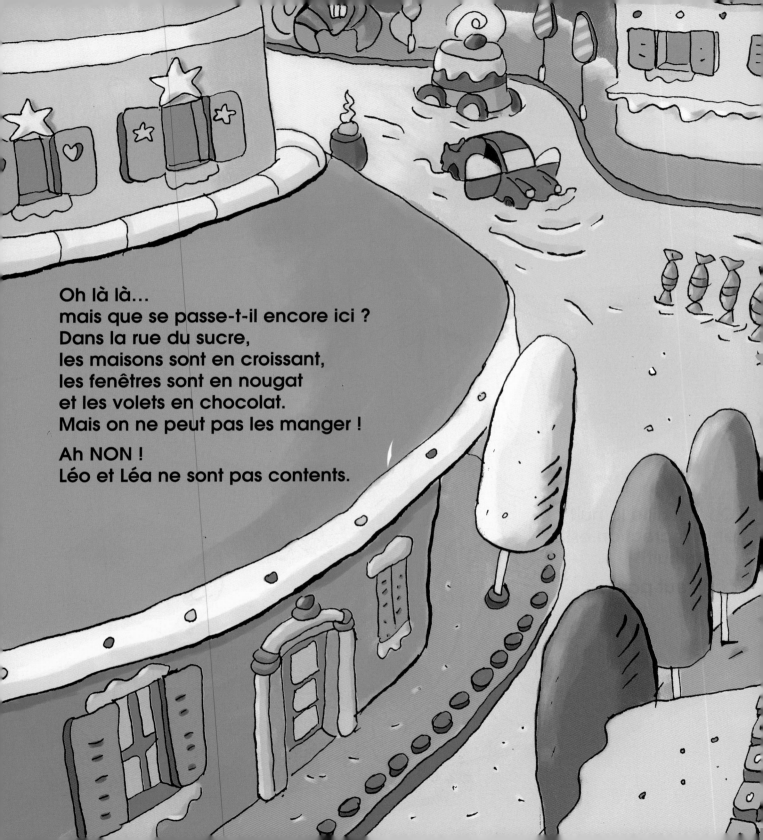

Oh là là…
mais que se passe-t-il encore ici ?
Dans la rue du sucre,
les maisons sont en croissant,
les fenêtres sont en nougat
et les volets en chocolat.
Mais on ne peut pas les manger !

Ah NON !
Léo et Léa ne sont pas contents.

Dans le pays du sans sommeil,
le jardin, aussi, est ouvert la nuit !
Il y a beaucoup d'enfants qui jouent
à cache-cache, aux billes, à la corde, au football...

Mais Léo a sommeil, il veut dormir.

Tout est calme
sur la petite place du marché !
Tous ces légumes,
tous ces fruits,
que c'est beau !
Mais c'est un marché bizarre :
on regarde, on ne touche pas.

Que vont faire Léo et Léa ?

51

Et voil

PATATRAS !!!

Léa a fait une bêtise
et tout est cassé.
Quelle catastrophe !
Tout est par terre…
et il pleut des fraises.

Quel pays !

Mais où est le marchand de sable ?

Il était une fois un marchand de sable
qui s'appelait...

Il était une fois
au pays des animaux

pages 4 et 5

L'animatrice : Il était une fois un ordinateur
et deux enfants, Léo et Léa qui…

Léo, je m'appelle Léo
Léa, je m'appelle Léa
Léo, Léa, dans la chambre il y a
Léa, Léo, il y a un robot

Léo, c'est le frère de Léa
Léa, c'est la sœur de Léo
Léo, Léa, dans la chambre il y a
Léa, Léo, il y a un robot

Léo, je suis un garçon
Léa, je suis une fille.   (bis)

•

pages 6 et 7

L'animatrice : Il était une fois deux enfants qui…
se disputaient devant l'ordinateur.

Léa, Léo : Non, non, non…
Léa : Léo, donne la souris… à moi !
Léo : Regarde la maison !
Léa : Non ! Non ! À moi ! Donne la souris !
Léo : Pfff ! Regarde le soleil ! Regarde la lune !
Léa : Non, non, Léo, donne-moi la souris !
Léo : Oh Léa !
Léa : Non, donne-moi la souris !
Léo : Oui, oui… à toi !
Léa : Ah !

•

pages 8 et 9

L'animatrice :
Oh ! une grenouille sort de l'ordinateur !
Une petite grenouille ! Une petite grenouille rose !
Une petite grenouille rose qui parle ! Qui est-ce ?

Lili : Bonjour ! Je m'appelle Lili.

Petite grenouille, voilà qui je suis
Petite grenouille, je m'appelle Lili
Coa (coa), coa (coa)
Bonjour Léo, Léa
Coa (coa), coa (coa)
Venez donc avec moi
Petite grenouille, je viens d'un pays
Où les grenouilles sont roses et jolies
Coa (coa), coa (coa)
Bonjour Léo, Léa
Coa (coa), coa (coa)
Venez donc avec moi.

Lili : Salut ! je m'appelle Lili… Et toi,
comment tu t'appelles ?
Léo : Moi ? Moi, moi, je m'appelle…
euh, je m'appelle Léo.
Léa : Et moi, je m'appelle Léa. Bonjour Lili !
(reprise de la chanson)
Le robot : Au revoir… salut !
Lili : Coa (coa), venez donc avec moi.

•

pages 10 et 11

Lili : Psstt, venez, venez avec moi.
Léa : Où ?
Lili : Dans mon pays.
Attention, écoutez la formule magique :
"Do da du… Di de do… To ta tu… Ti te to".
Répétez la formule magique, répétez avec moi.
Léo, Léa et Lili : "Do da du… Di de do… To ta tu…
Ti te to". *(ter)*
L'animatrice : Et Léo et Léa vont dans le pays de Lili,
la petite grenouille rose.
Léo et Léa : Oh ! qu'est-ce que c'est ?
Lili : C'est une ferme !
Léo : Une ferme ? Je ne comprends pas. Il y a une
vache verte, un cheval rouge et une poule bleue
avec une dame !
Léa : Ah moi je comprends : dans la ferme de Lili,
les animaux sont de toutes les couleurs !

Lili : Léo, Léa, regardez.

À la ferme
Lili la grenouille
Nous présente
Ses nouveaux amis.

Blanc et gris est le canard, (bis)
Et la poule, elle est bleue
Et le mouton, est orange, Ah, ah, ah, ah !

À la ferme
Lili la grenouille
Nous présente
Ses nouveaux amis

Rose et marron est le chat (bis)
Et l'cheval il est rouge
Et le chien il est jaune Ah, ah, ah, ah, ah !

À la ferme
Lili la grenouille
Nous présente
Ses nouveaux amis.

Lili : Le chien, il est jaune...
la poule elle est bleue !
Léo : Ah, ah c'est drôle !
Léa : Oh, c'est fini ?

......................●......................

pages 12 et 13

Lili : Mais non, ce n'est pas fini, venez, regardez,
répétez avec moi la formule magique.
"Do da du... Di de do. To ta tu... Ti te to".
Léo, Léa et Lili : "Do da du... Di de do. To ta tu...Ti te to".

L'animatrice : Et Léo et Léa vont dans le zoo du pays
de Lili. Là aussi, les animaux sont de toutes les couleurs.
Léo : Oh ! Qu'est-ce que c'est ?
Lili : C'est un zoo !

Au pays de Lili
On y trouve (bis)
Au pays de Lili
Des animaux très jolis

L'éléphant est tout vert
Et le crocodile tout jaune

Au pays de Lili
On y trouve (bis)
Au pays de Lili
Des animaux très jolis

Le lion est tout rouge
Et le singe tout bleu

Au pays de Lili
On y trouve (bis)
Au pays de Lili
Des animaux très jolis

Le zèbre est tout orange
La girafe blanche et grise

Au pays de Lili
On y trouve (bis)
Au pays de Lili
Des animaux très jolis.

Léo : Regarde, Léa, le lion, il est rouge ! Et là ?
C'est qui ?
Léa : Bbb ! c'est un éléphant !
C'est l'éléphant vert du pays de Lili !
Et tu as vu ? Il y a une girafe derrière le zèbre.
Léo : Oui, j'ai vu ! C'est la girafe du pays de Lili,
tu as vu, elle est blanche et grise, elle !
Léa : Et le zèbre, lui, devant la girafe, il est orange.
Et.... l'hippopotame, il est rose et marron !
C'est amusant !
Lili : Vous avez vu le singe bleu sur la table avec
le monsieur ?
Lili : Oh attends ! attends, le robot, ce n'est pas fini !

......................●......................

pages 14 et 15

Robot : Dooooooo... daaaaaa... duuuuuu...
Lili : Ah non, pas toi, pas la formule magique... attends !
Le chien : 1, 2, 3, 4, 5...
Léa : Léo, regarde le chien, qu'est-ce qu'il fait ?
Léo : Il compte ! Il joue à cache-cache
avec le crocodile !
Léa : Oh, oh... et le crocodile !
Lili : La, la, la, la... allez, on danse comme le zèbre et
le mouton... on danse comme la girafe... comme elle,
allez... et comme le canard, comme lui...
Léo et Léa : Ouiiiiii... et comme l'hippopotame
et le chat.

C'est moi le gros lion
Le gros lion qui danse tout en rond

Et moi, l'éléphant
J'ne sais pas danser
Allez viens la vache
On joue à cache-cache

D'accord je vais compter

Et moi je préfère chanter hi, hi, hi.

Lili : Ah, ils chantent bien !
Léo : Ah bon ? Moi, je tr...
Léa : Chut, tais-toi, Léo... Oui, ils chantent bien...
C'est rigolo ! Et la vache, elle chante très bien,
hein, Léo ?
Léo : Hum !
Le singe : Allez, on mange !
Monsieur, un petit sandwich ?
Le gardien : Oui, merci !
Le singe : Madame, un petit gâteau ?
La fermière : Ah ! oui, merci !

......●......

pages 16 et 17

L'animatrice : Qu'est-ce qui se passe dans le pays
de Lili ? Mais... les animaux de la ferme ne jouent
plus avec les animaux du zoo !... Monsieur le robot...
s'il vous plaît, monsieur le robot !
Le robot : Oui.
L'animatrice : Qu'est-ce qui se passe? Ça va ?
Le robot : Non ! Ça ne va pas ! Regardez, une vache
verte !!!! Je ne comprends pas ! Ça ne va pas !

Je m'appelle le Robot
Je ne suis pas très beau
Mais Léa et Léo
Me trouvent rigolo

Je sais dire ça va
Et aussi ça ne va pas
Ça ne va pas, ça va
Ça va, ça ne va pas

Je m'appelle le Robot
Je ne suis pas très beau
Mais Léo et Léa
M'aiment bien comme ça.

L'animatrice : Ah oui, je comprends ! Mais, alors...
Lili : Oui, oui et moi, et moi rose, une grenouille rose...
ça ne va pas ! Hein, le robot ? Tu n'es pas content ?
Le robot : Non ! Ça ne va pas ! Je ne suis pas content.
Allez, au revoir !
Lili : Oui, d'accord, salut !
Léo et Léa : Oh non ! non ! S'il te plaît, s'il te plaît...
attends !
Lili : S'il te plaît, robot, arrête !

......●......

pages 18 et 19

Léo : Do... da... du... Di... de... do...
Oh ! la grande girafe... elle est blanche et grise...
au revoir... au rev...
Léa : To... ta... tu... ti...te... to... oh le petit canard... il
est gris... et Lili... la petite grenouille... elle est ro...
Lili : Oui... rose... chut... dormez bien... À bientôt !
Lili : Ah non ! pas lui ! Les enfants dorment ! Chut !
Chuuut... Au revoir... À bientôt !

pages 22 et 23

Il pleut, il mouille, c'est la fête à la grenouille…

L'animatrice : C'est l'après-midi. Quel temps ! Il pleut. Léo et Léa sont dans le salon. Ils sont sur le canapé. Ils regardent la télévision. Mais où est Lili ?

Le présentateur : C'est la fête de la musique, chers téléspectateurs, vous allez écouter maintenant…

L'animatrice : Oh ! regardez, Lili est sur la télécommande. C'est rigolo, elle est petite… Regardez… Vous avez vu ?

Léo : Oh, regarde ! Léa, un orchestre ! Il joue de la musique. C'est beau ! Écoute. Et le monsieur là devant, qu'est-ce qu'il fait ?

Léa : Bbb ! c'est le chef d'orchestre, Léo !

Lili : Ah, vous aimez la musique !….DO

pages 24 et 25

*Je suis le crocodile, moi je joue du violon
Je suis le singe, moi je joue d'la guitare
Je suis le chat, moi je joue de la flûte
Je suis le chien, moi j'joue d'la clarinette
Je suis la girafe, moi je joue du saxo
Je suis le zèbre, moi je joue du piano
Je suis la vache, moi je joue du triangle
Je suis l'hippopotame, moi je joue du tambour
Je suis le cheval, moi je joue d'la batterie.*

L'hippopotame : Arrête ! C'est à MOI, c'est MON tambour. Moi, je joue du tambour et toi… tu joues de la batterie ! C'est TA batterie !

Lili : Oui, c'est vrai. C'est à lui, c'est à l'hippopotame, c'est SON tambour. Toi, le cheval, tu joues de la batterie.

Le cheval : C'est pour rire !

Léo et Léa : Super ! Ils jouent bien de la musique. Bravo, bravoooo !

Lili : Non, non, ça ne va pas ! On recommence… Do… RÉ.

pages 26 et 27

Léo : Moi aussi, je veux faire de la musique, Lili. Est-ce que je peux jouer de la trompette ? S'il te plaît !

Léa : Et moi, est-ce que je peux faire de la musique ? Je veux jouer du piano, Lili, s'il te plaît !

Lili : Non, non… vous écoutez.

Léo et Léa : On veut faire de la musique ! On veut faire de la musique ! On veut faire de la musique !

Lili : Vous ne pouvez pas faire de musique !

Léo et Léa : Nous aussi, on veut faire de la musique, on veut faire de la musique.

Lili : Vous voulez faire de la musique ? Oui, d'accord, mais d'abord, il faut apprendre les notes de musique. Suivez-moi : Tapis… DO… canapé… RÉ… chaise… MI… table… FA… buffet… SOL… lampe… LA… armoire… SI… plafond…

Léo et Léa : Attention !!!

Lili : DO… si, la, sol, fa, mi, ré, do.

Léo et Léa : Oh, Lili, ça va ?

Lili : Oui, ça va, on apprend les notes… DO… RÉ…

La poubelle : Aïe, ouille !

Lili : MI.

pages 28 et 29

L'animatrice : Qu'est-ce qu'il y a ? Qu'est-ce qui se passe dans la cuisine ? Que font les ustensiles ? Ça ne va pas du tout ! Écoutez la poubelle :

La poubelle : Aïe, aïe, aïe, j'ai mal à la tête… oh là, là, ma tête !

L'animatrice : Et le bol :

Le bol : Oh là, là, mon ventre… aïe… j'ai mal au ventre !

L'animatrice : Ah… la cuillère :

La cuillère : Oh, j'ai mal au dos… aïe, aïe, mon dos !

L'animatrice : Oh… le plat :

Le plat : Aïe, aïe, aïe, j'ai mal au bras… oh là, là, mon bras !

Lili : Mais qu'est-ce qu'il y a, la casserole ?

La casserole : Ça ne va pas… on a mal partout.

Lili : Pourquoi ?

La casserole : Nous aussi on veut faire de la musique… et ce n'est pas de la musique !

Lili : Bon, vous voulez faire de la musique, vous aussi ! Alors, suivez-nous. Léooo… Léaaaa.

Léo et Léa : Do, ré, mi, mi, fa, sol, sol.

Lili : Bon, allez… 1, 2, 1, 2, 3 un rock ; le casserole rock !

> *C'est la casse, casse, casserole rock*
> *C'est la poêle, poêle, poêle à frire*
> *C'est le plat, plat, plat à tarte*
> *C'est le bol, bol, bol de lait*
>
> *Le couteau et la cuillère*
> *Se battent avec tous les verres*
> *Et l'assiette qui se casse en miettes*
>
> *La poubelle a mal à la tête*
> *La poubelle a mal à la tête*
>
> *C'est la casse, casse, casserole rock*
> *C'est la poêle, poêle, poêle à frire*
> *C'est le plat, plat, plat à tarte*
> *C'est le bol, bol, bol de lait*
> *C'est la casse, casse, casserole rock*
> *C'est la casse, casse, casserole rock*
> *C'est la casse, casse, casserole rock*
> *C'est la casserole rock*

Lili : C'est ça… do, ré, mi FA.

----------•----------

pages 30 et 31

L'animatrice : Youpiii ! Ils n'ont plus mal ! Qu'est-ce qui se passe dans le couloir ?

> *C'est nous les p'tits ustensiles*
> *Nous savons nous rendre utiles*   **(bis)**
> *On sait faire de la musique*
> *Tatatata, tatatata*
>
> *Les casseroles levez la jambe*
> *Les couteaux baissez les bras*
> *Les verres remuez la tête*
> *Et les fourchettes pliez les genoux*
>
> *C'est nous les p'tits ustensiles*
> *Nous savons nous rendre utiles*
> *On sait faire de la musique*
> *Tatatata, tatatata.*

Tous les enfants des portraits : Eh… nous aussi, on veut venir avec vous !

Lili : Oui ! Mais qui êtes-vous ?

Léa : Bbb… c'est nos amis, c'est nos copains.

Léo : Alors voilà mon copain Étienne… c'est Étienne. Il est sénégalais.

Lili : Bonjour Étienne.

Léa : Et voici Pauline, c'est ma copine. Elle est canadienne.

Pauline : Salut Lili.

Yacine et Sonia : Bonjour… et nous, nous sommes marocains.

Sonia : Lui, il s'appelle Yacine.

Yacine : Et elle, elle s'appelle Sonia… et voici Victor, lui, il est vietnamien.

Lili : Bonjour, bonjour, salut les amis… Allez, on recommence, une… deux…

(reprise de chanson)

Lili : Pffff… j'ai chaud ! De l'eau, s'il vous plaît !

Lili : Tsst… tsst… ah non… on recommence… Do, ré, mi, fa… SOL.

----------•----------

pages 32 et 33

L'animatrice : Oh, oh dans la salle de bains, nos amis s'amusent bien !

Une cuillère : Regarde, je nage… je suis une cuillère qui nage !

Une fourchette : Eh… j'ai chaud… je vais dans l'eau moi aussi ?

La 2e fourchette : Ah moi non, c'est fini, j'ai froid !

L'animatrice : Regardez la brosse à dents et la poêle. Elles parlent. Écoutez.

La brosse à dents : Mais qui êtes-vous ? Où habitez-vous avec vos amis ?

La poêle : Bbb, je suis la poêle, j'habite dans la cuisine et mes amis aussi. Je viens pour jouer… FFFF ! il fait chaud… j'ai soif !

L'assiette : Poussez pas, ne poussez pas… j'ai peur, je vais tomber, je ne sais pas nager !

Lili : Youpi… tra la la… je veux jouer dans l'eau tous les jours de la semaine.

Tous les jours d'la semaine
Lundi-mardi, mercredi-jeudi,   **(bis)**
vendredi-samedi, dimanche

Prends ton gant, frotte devant
Prends ton gant, frotte derrière
Devant/derrière – Derrière/devant
Brosse tes ch'veux, brosse tes dents
Devant/derrière – Derrière/devant
Lave tes ch'veux, tes dents, tes pieds, tes mains
Devant-derrière
Derrière-devant

Tous les jours d'la semaine
Lundi - mardi - mercredi, jeudi -
vendredi, samedi-dimanche
Tous les jours d'la semaine
Lundi - mardi - mercredi, jeudi -
vendredi, samedi-dimanche
samedi-dimanche, dimanche, dimanche.

Les parents de Léo et Léa : Léooo… Léaaaa.
Lili : Do/ré/mi… do/ré/mi… fa/sol/la… fa/sol… LA.

························●························

pages 34 et 35

Léo : Ah, ils ne sont pas là… Papa… maman…
houhou… maman… papa !
Lili : Ah bbb qui c'est lui ? C'est qui sur la photo ?
Alors, c'est qui le monsieur ? Il te ressemble, Léo.
Ce n'est pas toi alors?
Léo : Mais non, ce n'est pas moi. C'est mon père
et à côté c'est ma mère. C'est une photo,
c'est la photo de mes parents.
Lili : Et à gauche qui est-ce ?
Léo : Euh, là c'est mon grand-père et ma grand-mère,
la mère de ma mère. Ce sont mes grands-parents.
Lili : Ah oui… et ils ont quel âge ?
Eh quel âge elle a ta grand-mère, Léo ?
Léo : Euh… 50, non… 60… je n'sais pas… 65…
elle a 65 ans.

La grand-mère : Ah non, je n'ai pas 65 ans…
pas 65… 62… j'ai 62 ans !
Lili : Bah qui a parlé ? Léa… c'est toi ?
Léa : Non, c'est pas moi… oh j'ai sommeil…
je veux dormir… Lili, s'il te plaît… chante notre petite
chanson, notre petite chan….
Lili :

Je te présente ma grand-mère
C'est la mère de maman
On l'appelle Mamie Jeanne
Et elle a 62 ans

Je te présente mon grand-père
C'est le père de papa
On l'appelle Papi Clément
Et il a 65 ans

Ils s'appellent Jeanne et Clément
Et ce sont mes grands-parents.

Lili : Ah j'ai oublié… Je ne sais plus la suite…
do, ré, mi, fa, sol, la, SI.

························●························

pages 36 et 37

Le présentateur : C'est la fête de la musique,
chers téléspectateurs, vous avez écouté…
Les parents : Léo, Léa, réveillez-vous !
C'est fini la sieste ! Il ne pleut plus. Il fait beau.
Qu'est-ce que vous faites devant la télévision ?
Léo : Do…ré… mi… fa.
Le père : Allez, c'est la fête de la musique…
il y a de la musique partout !
Léa : Sol… la… si…
La mère : Allez, on va se promener… On va écouter
de la musique.
L'animatrice : C'est l'après-midi. Il fait beau. Léo et
Léa vont à la fête de la musique. Et les parents aussi !
Lili : SI… DO.

pages 40 et 41

L'animatrice : Un soir… dans le lit de Léa, Lili raconte une histoire qui se passe… dans un pays magique : un pays où les enfants ne dorment jamais.

> ***Les enfants dormez, car demain c'est l'école***
> ***Les enfants dormez, c'est le soir éteignez***

> *Oh Lili, oh Lili, continue ton histoire*
> *Oh Lili, oh Lili, on voudrait bien savoir*   (bis)
> *Oh Lili, oh Lili, continue ton histoire*
> *Du pays des enfants qui ne dorment pas le soir.*

> ***Les enfants dormez, car demain c'est l'école***
> ***Les enfants dormez, c'est le soir éteignez.***

L'animatrice : Mais la maman de Léo et Léa arrive.

La mère : Léo, Léa… il faut dormir… C'est l'heure !
Léo et Léa : Oh non… pas encore… Lili… encore, lis encore une page !

pages 42 et 43

La mère : Oh les enfants… vous n'êtes pas encore couchés !
Léo : Mais maman, on lit… encore une minute, s'il te plaît !
La mère : Non, non tssst…tsst… il faut dormir !
C'est l'heure du marchand de sable…
il va bientôt passer ! Allez… bonne nuit ! À demain.
Léo et Léa : D'accord maman… bonne nuit !
Lili, s'il te plaît… lis encore une page !
Lili : Psst… psst… Léa… moi, je connais le marchand de sable et… et je connais aussi le pays du sans sommeil… le pays où on ne dort pas ! Tu veux venir ?
Léa : Super ! Oui ! Super !
Lili : Chut… doucement.
Léa : Oui, oui, je viens avec toi… Attends… Et Léo, il vient aussi ?
Lili : Oui, avec Léo aussi… allez, venez au pays du sans sommeil… venez au pays où on ne dort jamais.

> *Toutes les nuits dans ce pays*
> *On joue on rit*
> *Toutes les nuits dans ce pays*
> *On fait du bruit*

> *Toutes les nuits dans ce pays*
> *Toutes les nuits dans ce pays*
> *Et les autres sont déjà tous dans leur lit`*

> *Youpi ya ya ya et pas de lit*
> *Youpi ya ya ya on fait du bruit*

> *Youpi ya ya youpi ya ya youpi*
> *Toutes les nuits dans ce pays*   (bis)
> *On joue on rit.*

Lili : Allez !

pages 44 et 45

L'animatrice : Oh ! ici, l'école est ouverte la nuit ici !
… Une école… la nuit… mais ça n'existe pas !
La maîtresse : Mais pourquoi pas !!

> *Savez-vous compter les ronds à l'école, à l'école ?*
> *Savez-vous classer les sons*
> *À l'école des polissons ?*

> *On les compte avec les doigts à l'école, à l'école ?*
> *On les classe dans des chansons*
> *À l'école des polissons*

> *Savez-vous lire des histoires, à l'école, à l'école*
> *Savez-vous écrire vos noms*
> *À l'école des polissons ?*

> *On les lit à haute voix à l'école, à l'école*
> *On les écrit au crayon*
> *À l'école des polissons.*   (bis)

La maîtresse : C'est bien, bravo les enfants, continuez... Bien Yacine, écris ton prénom sur ta feuille... en bas.

Yacine : Là ? En bas à droite, maîtresse ?

La maîtresse : Oui, à droite, c'est très bien. Et toi Étienne, tu peux aider Victor et Pauline ?

Étienne : Oui maîtresse... Quand ? Avant ou après la récréation ?

Léo : C'est quand la récréation ? La récré, c'est à quelle heure ?

Tous les enfants de la classe : À minuit.

Léa : À minuit !! Oh là là ! On va à l'école la nuit ici ! Beuuu il faut partir ! Partons, Léo !

Lili : Hein... qu'est-ce qu'il y a ?

Léa : On veut partir.

Lili : Vous voulez partir ? Vous n'êtes pas contents ? Bon d'accord... Vite, vite, la voiture rouge, là... Montez dans ma voiture... suivez-moi... allez Léo... allez.

········•········

pages 46 et 47

L'animatrice : Eh oui, Lili, Léo et Léa sont contents maintenant. Vous savez pourquoi ? Regardez bien, c'est une rue magique : la rue est en confiture et les maisons sont en gâteaux.

Léo : Ah super ! ouiiii... tu as vu la maison, Léa ?... la maison en croissant, avec des fenêtres en nougat... Et les volets, regarde les volets... ils sont en chocolat !

Lili : Moi, j'aime les gâteaux au chocolat... Alors, vous êtes contents ici ?

L'animatrice : Oui, ils sont très contents ! Ils aiment la rue du sucre.

Il était une rue magique
Pirouette Cacahouète
Il était une rue magique
Qui avait de drôles de maisons   (bis)

Les maisons sont en croissants
Pirouette Cacahouète
Les maisons sont en croissants
Et les fenêtres sont en nougat
Et les volets en chocolat

Léa : Oh j'ai faim... Excusez-moi, monsieur... s'il vous plaît monsieur, est-ce que je peux manger... euh...oui, une glace à la fraise ?

Le monsieur : Ah non, tu ne peux pas manger maintenant, ma petite fille ! À minuit... on mange à minuit ici...

Léa : À minuit !!!! C'est tard !

Léo : Oh là là ! ... à minuit... mais il est où le marchand de sable ? J'ai sommeil....

Lili : D'accord, j'ai compris... Venez... montez dans mon avion... Partons !

········•········

pages 48 et 49

L'animatrice : Maintenant, nos amis arrivent dans un jardin... Un jardin ouvert la nuit... Il y a beaucoup d'enfants...

Léa : Ah super ! Un jardin... on va jouer !

L'animatrice : Et bien oui, on peut jouer ici, il y a beaucoup de jeux. Cherchez ! Qui fait de la balançoire ? Qui joue à cache-cache ? Qui joue aux billes ? Combien d'enfants jouent au football, au foot ? Et Léa, qu'est-ce qu'elle fait ? Elle joue à la corde.

Léa : 38, 39, 40, 41...

L'animatrice : ... zzz elle compte vite ! Et Léo... Où est-il ? Qu'est-ce qu'il fait ? Le marchand de sable est dans le jardin ?... Léo ! Eh ! Léo !

Léo : Oh là là... je suis fatigué... il est tard... je veux dormir... mais il est où, le marchand de sable ? J'ai sommeil...

Au pays où l'on n'dort jamais
Léo doucement s'endormait
Les enfants l'ont dérangé
Il a préféré s'en aller

Au pays où l'on ....
Léo doucement................
Les enfants l'ont dérangé
Il a préféré s'en aller

Au pays où l'on ....
Léo doucement................
Les enfants l'ont ....
Il a préféré....................

Lili : Ah Léo... tu es très fatigué... tu as sommeil... Viens... viens dormir dans mon bateau... Ah Léa... Léa... Viens, on part !

Léa : Oh pourquoi ?

Lili : Léo est fatigué... Allez, viens !

pages 50 et 51

L'animatrice : Chut... tout est calme sur la petite place du marché... Le marchand de sable est peut-être ici ? Chut... Et tous ces légumes et ces fruits, que c'est beau !

Léa : Ooh c'est beau !!! Je veux manger une pomme, j'aime les pommes. C'est bon !

1er marchand : Ah non, on ne peut pas ! C'est interdit ! On regarde ! C'est tout !

Léa : Pourquoi ? C'est bizarre !

1er marchand : C'est interdit, c'est tout ! On regarde, on ne touche pas, on ne mange pas !

Léa : Encore ! ici aussi ! Venez, on va voir là-bas.

Léa : Oh regarde, Léo... la tour Eiffel avec des pommes de terre ! Regarde, en haut, le petit champignon... je veux le champignon.

2e marchand : Ah non, on ne peut pas. C'est interdit ! C'est interdit ! C'est tout ! On regarde, on ne touche pas, on ne mange pas !

Léa : Oh là là ! ... c'est pas drôle ici !

Léo : Oui, c'est vrai... Et puis j'ai sommeil... Il est où ce marchand de sable ?

Léa : Oh Léo, attends... Je connais une belle chanson... tu sais, la chanson des légumes... et on peut danser... allez viens.

Tous les légumes au clair de lune
Étaient en train de s'amuser
Ils s'amusaient (aient)
Comme ils pouvaient, (aient)
Et les enfants les regardaient

Un cornichon tournait en rond
Un artichaut faisait de petits sauts
Un salsifis valsait sans bruit
Et un chou-fleur se dandinait avec ardeur,
Avec ardeur.

L'un des marchands : Nooooon, nooon... mes poooommes...

Lili : Attention... attention... Vite, vite sur le vélo, montez sur mon vélo.

pages 52 et 53

L'animatrice : Patatras ! Elle était belle... elle était belle la chanson des légumes... Mais Léa a tout cassé ! Elle a dansé avec le chou-fleur... Et tout est tombé ! Quelle catastrophe !... Et il pleut des fraises... et le parapluie... c'est un champignon... le champignon de la tour Eiffel, vous vous souvenez, la tour Eiffel en pommes de terre ! Et ce marchand de sable... où est-il ? Et Lili est à côté d'une fusée... et d'une étoile ?... Tiens, tiens, c'est bizarre ! Vous comprenez ? Moi, je ne comprends pas bien... Qui a compris ?

Lili : Chut... venez.

pages 54 et 55

Lili : Chut !

Léa : Regarde, Léo, c'est bizarre... Je vois le marchand de sable... il est rose...

Léo : Oui, Léa, je vois... J'aime le pays où on peut dormir... J'aime bien le marchand de sable... Oui... il est ro... RRRRR.

Lili : Chut ! bonne nuit les enfants... on est bien... dans sa chambre... dans son lit... dans ses rêves... la nuit... Bonne nuit... au revoir... à bientôt.

Petite grenouille, voilà qui je suis
Petite grenouille, je m'appelle Lili
Coa (coa), coa (coa)
Au revoir Léo, Léa
Coa (coa), coa (coa)
Et à la prochaine fois

Petite grenouille, je viens d'un pays
Où les grenouilles sont roses et jolies
Coa (coa), coa (coa)
Au revoir Léo, Léa
Coa (coa), coa (coa)
Et à la prochaine fois.

Il était une fois deux enfants qui dormaient. Ils rêvaient d'une petite grenouille qui...

N° d'éditeur : 10182923 - CGI/Scheibling - octobre 2011
Imprimé par Clerc s.a.s. - 18200 Saint-Amand - N° d'imprimeur : 12324